AF404286

CRISE SOCIALE.

1834.

Par M. Baudet Dulary,

Dʳ MÉDECIN, ANCIEN DÉPUTÉ,
CULTIVATEUR.

Paris,

IMPRIMERIE BOUDON, 151, RUE MONTMARTRE.
(IMPRIMÉ POUR DAVIES ET ROBERTSON.)

M DCCC XXXIV.

CRISE SOCIALE.

1834.

Aux tems d'ignorance et de barbarie, une poignée d'oppresseurs pouvait maintenir dans une dure sujestion des peuples nombreux. De nos jours, grâce aux lumières de la civilisation, le gouvernement le plus paternel aurait encore grand peine à se soutenir.

Le pouvoir gouvernant est fait pour le peuple ; excellent principe, mais peu facile à réaliser, car les peuples ont de pressans besoins que ni princes ni ministres ne savent, en vérité, comment satisfaire.

Chez la glorieuse nation française qui jouit de constitutions si bien ponderées, qu'à chaque pas les frottemens et les résistances détraquent la machine publique, la tâche du pouvoir est des plus fatigantes. Jamais tranquille, toujours sur la brêche, il est sans doute bien las, bien ennuyé, d'autant plus qu'il ne peut guère se dissimuler l'impuissance de ses efforts ; personne ne s'y trompe ; mais l'illusion est grande sur la cause. Suivant lui, qu'elle est cette cause? L'opposition... opposition de la chambre élue, du jury, de la presse surtout... opposition violente, insensée, perfide, criminelle, qui entrave à plaisir ses meilleures dispositions, et l'empêche d'achever l'entreprise du bonheur général : ainsi disent ceux qui gouvernent, et les opposans crient que le mal vient du gouvernement, pouvoir tyrannique, rétrograde, usurpateur, traître à la souveraineté du peuple ou à la légitimité, coupable de toutes les misères et de tous les fléaux.

Ainsi vont les choses depuis un demi-siècle. Avant 1789 la monarchie, sans être liée par un pacte écrit, était tempérée par les mœurs, les usages ; par les idées religieuses et philosophiques, par les priviléges de certains corps et de certaines provinces : l'opposition n'était guère que de la critique. Depuis 89, depuis l'ère des sociétés nouvelles et de la liberté, ça été une guerre à mort entre le pouvoir et les partis ; il ne s'est plus agi d'éclairer, de diriger le pouvoir, mais de le renverser, de le tuer ; et l'on a passablement réussi, car, de compte exact, nous en sommes à la dixième péripétie. Vainqueurs, vaincus tour-à-tour, les partis ont eu tous leur règne de quelques instans, ils ont tous constitué, édifié, et n'ont laissé que des ruines. Hommes et choses tout a été essayé en vain ; le peuple n'a jamais été content, et à chaque changement nouvelle opposition. Napoléon seul, avec son auréole de gloire et sa main de fer, a pour un tems imposé silence aux partis ; mais certes son règne n'était plus celui des idées libérales, et Napoléon moins heureux a retrouvé contre lui l'opinion et les partis; il est tombé à son tour.

Quand la légitimité, toute puissante au début du

drame révolutionnaire, n'a pu soustraire au bourreau la majesté royale, quand le génie et la gloire n'ont pu soutenir un empire qui semblait populaire, comment croire que le gouvernement actuel puisse résister long-tems ; s'il n'évite les ornières de la vieille politique, s'il n'a recours à des moyens nouveaux pour concilier tous les intérêts, il tombera, et alors malheur à nous, car la catastrophe, en dépit des utopistes républicains, sera aussi terrible qu'en 93.

Ces luttes acharnées, ces rapides changemens, constatent un vice radical de l'organisation sociale, car rien de cela n'aurait lieu si le peuple était heureux et éclairé. Bien que les partis prétendent parler au nom du peuple et agir avec le peuple, les révolutions se font par d'imperceptibles minorités qui poussent quelques masses d'hommes malheureux et crédules. Le vrai peuple, en immense majorité, demeure simple spectateur ; il n'entend rien aux formes gouvernementales et aux subtilités constitutionnelles ; mais lui aussi est tourmenté du besoin et du désir d'être mieux.

Tous les hommes ont l'instinct d'être heureux ; quoique les idées de bonheur, les désirs et les moyens de satisfaction varient infiniment suivant les lieux, les tems, les préjugés, les habitudes, les tempéramens, les âges, etc. En général, pour être heureux, il faut d'abord la santé du corps, l'exercice libre et facile des organes et des membres, il faut des sens impressionnés d'une manière agréable ; il faut aussi que l'homme puisse se créer une famille, et qu'il la voie heureuse ; il faut qu'il espère que le

bien-être de lui et des siens durera le plus long-
tems possible, en un mot qu'il n'ait point d'inquiétude. Mais l'homme complet ne borne pas ses af-
fections à la famille, il lui est naturel de rechercher
la société des autres hommes, d'aimer ceux qui
sympathisent avec lui et dont il n'a rien à craindre,
de désirer leur amitié, de vouloir se distinguer en
quelque chose qui lui attire attention et estime;
connaître est un de ses nobles besoins.

L'homme ne peut vivre seul, ni physiquement
ni moralement; la famille ne peut vivre seule que
dans des circonstances très rares. De tous tems les
hommes ont formé des sociétés plus ou moins nombreuses, plus ou moins mal constituées : la plus
mauvaise à encore ses avantages, sinon pour tous
ses membres, au moins pour la majorité. Dans ces
grandes réunions sont nés l'industrie, les arts et les
sciences dont les progrès ont amené la civilisation.
L'industrie et les sciences ont pris surtout un immense développement dans les sociétés modernes;
où les travaux pacifiques ont conquis enfin une part
de l'estime réservée autrefois au travail destructeur
et à l'oisiveté du guerrier. La législation a suivi la
marche de l'industrie, et de transformations en
transformations nous sommes arrivés aux gouvernemens constitutionnels.

Ces gouvernemens institués, dit-on, dans l'intérêt
commun, sont chargés d'un grand devoir : garantir
le libre développement des intelligences et des industries, le respect des personnes et des fortunes,
le concours des individualités à la prospérité générale. — Le but est loin encore. — Il est vrai que les

ᵨouvernemens constitutionnels ont des formes très différentes, et que nos politiques sont peu d'accord sur la meilleure. Mais enfin, après tant de travaux, tant de méditations, tant d'essais, nous trouvons-nous au moins dans une position tolérable? Voyons.

Trente-trois millions d'individus composent le peuple français; le revenu total du pays est d'environ sept milliards; on voit d'abord qu'il y a impossibilité matérielle de satisfaire chez tous les besoins tels que les crée la civilisation, et qu'il faut que la majorité croupisse dans la misère et l'ignorance, pour que la minorité puisse développer ses facultés d'homme.

Ce fatal contraste frappe tous les yeux, quoique l'habitude et l'égoïsme le rende moins sensible et que les misères les plus nombreuses et les plus épouvantables restent cachées dans le taudis du pauvre.

Comment la belle France produit-elle si peu? Ses habitans manquent-ils d'intelligence et d'activité, est-elle peuplée d'oisifs? Point; les oisifs sont très rares: presque tous les francais travaillent, presque tous se donnent une peine extrême; les femmes, les enfans, les vieillards decrépits, les malades même ne sont pas exempts. Le travail est donc bien mal organisé, soit faute du gouvernement et des institutions, soit faute des particuliers et des coutumes, soit anathème céleste repandu sur la race humaine? Oui, le travail est mal organisé, mal choisi, mal distribué, et ce qui augmente la pénurie, la consommation, n'est pas mieux entendue.

La société moderne, sanctifiée par le dogme chrétien de la fraternité, en possession d'immenses forces scientifiques et industrielles , semble promettre à tous ses membres de grands avantages ; et la foule des philosophes et des économistes chante les bienfaits de la civilisation au milieu des malheurs qui chaque jour accusent leur imprévoyance et leur incapacité.

Le résultat le plus positif de cette civilisation est de faire vivre un plus grand nombre de misérables sur un espace donné : elle agglomère les hommes sans les faire jouir des bénéfices de l'association : des entraves, des charges coummunes, décorées parfois du nom de droits politiques lient entre eux les citoyens d'un même état ; quant aux intérêts communs ils sont rares et équivoques, et les intérêts isolés, les intérêts opposés sont journaliers et puissans ; les premiers doivent être oubliés. L'association n'existe pas mieux dans la province, pas mieux dans la commune. Agrégation peu étendue la commune, d'après son nom, d'après son rang d'unité politique, semblerait devoir former un tout bien compact ; mais au contraire le morcellement et l'incohérence y règnent avec plus de tyrannie, chaque famille se faisant centre à part, et isolant ses ressources et ses travaux de la manière la plus anti-économique.

La majorité des Français habite la campagne, occupée de travaux agricoles ; l'agriculture donne les trois quarts du revenu total de la nation. L'organisation des communes rurales est donc d'une immense importance, et cependant qu'est-ce maintenant qu'une commune rurale ? Si l'on y compte deux cents familles, on peut compter aussi deux cents habitations construites au hasard, contre toutes les lois du goût, du comfort et de la salubrité : de longs intervalles les séparent, rendus plus longs par l'affreux état des chemins ; la défiance et l'envie ne les séparent pas moins. Deux cents greniers, deux cents mauvais celliers abritent tant bien que mal les récoltes ; deux cents feux s'allument pour l'apprêt d'un maigre souper et deux cents femmes y sont occupées. Même complication, même perte de tems pour tous les travaux. A-t-on à vendre la moindre denrée, il faut faire un voyage à la ville, distante souvent de plusieurs lieues : cent femmes perdent ainsi leur journée à porter quelques œufs ou une livre de beurre. A-t-on besoin des choses les plus ordinaires, il faut encore les aller chercher à la ville.

Le petit cultivateur, privé de tout secours, circonscrit dans une industrie routinière, est condamné tantôt à des chômages ruineux, tantôt à d'excessifs efforts que réduisent presqu'à rien le manque de bestiaux et d'instrumens, le manque de savoir et d'intelligence ; sa force morale n'a pas été développée par l'éducation ; sa force physique est amoindrie par une nouriture insuffisante : il ne peut vivre qu'en se réduisant à l'existence de la brute.

Le cultivateur plus riche, à la tête d'un domaine étendu, n'a pas un sort beaucoup meilleur. Entravé dans ses combinaisons pour le morcellement des terres, par les préjugés du pays, par de trop faibles capitaux, par la teneur d'un bail, s'il est fermier, il il a pour aides des mercenaires qui, à la journée, font traîner la besogne, à la tâche, en expédient de mauvaise et peuvent lui manquer au plus pressé de ses travaux ; il est continuellement victime de leur ma-

ladresse, de leur mauvaise volonté, de leurs trom-
peries et de leurs vols, malgré la surveillance la plus
fatigante. Une maladie, l'essai malheureux d'une
sage amélioration, l'inclémence d'une saison, une
épizootie causée par l'incurie d'un voisin peut en-
trainer sa ruine et celle de sa famille. A-t-il pro-
fité d'une éducation libérale, il lui faut renoncer à
tout plaisir des beaux-arts et de la société.

Les observations d'un Chartrain sur la Beauce
s'appliquent à bien d'autres provinces. « La population de la Beauce vit dans l'indigence, ou plutôt,
épuisée de labeur, soumise aux privations les plus
dures, elle vegète. Sans doute on scie de bon blé
dans les champs de ce pays, mais ce n'est pas pour
lui.... La population d'Eure-et-Loir ne consomme
elle-même que le déchet du bon et le mauvais grain,
ne mange qu'un pain noir et amer....

« Le sol arable y est partagé en un trop grand
nombre de pièces trop petites, trop éloignées les unes
des autres.... Des promenades inutiles font perdre
un tems considérable, c'est-à-dire que le charretier,
le berger, les chevaux et les moutons fournissent de
longues courses qui les fatiguent et ne produisent
rien. Les momens favorables, partout et toujours
trop courts, s'écoulent perdus et ne reviennent plus :
soit pour labourer, semer, herser, rouler ; soit pour
sarcler, échardonner, soit pour porter et répandre
les engrais sur chaque parcelle ; soit pour rentrer
des produits disséminés en petites masses sur tous
les points de l'horizon ; en tout le fermier n'éprouve
que des contrariétés. Combien de fois, dans le cours
d'un seul bail, est-il obligé de remettre au printems.

des semailles qu'il n'a pu faire en automne ! et si les mois de mars et d'avril ne sont pas plus favorables que ne l'a été le mois d'octobre, combien de pièces restent en jachères qui auraient dû être ensemencées ! »

« Le fermier s'aperçoit bien qu'il ne saurait ordonner ses travaux à son gré, que ce n'est pas assez pour lui d'être soumis aux variations de l'atmosphère, qu'il est encore dans la dépendance d'un voisinage incommode et fâcheux, contrarié de même à son tour, pour subir ensemble des pertes absolues, irréparables, au détriment de tous les locataires d'un même canton, pour le dommage des consommateurs. »   (L. S. V. N.)

La commune morcelée souffre des caprices, de l'ignorance, de l'égoïsme de deux cents familles. « L'un met en prairie telle pente que la nature a destinée à la vigne; l'autre place du froment là où conviendrait le fourrage; celui-ci, pour éviter l'achat du blé, défriche une pente roide que les averses déchausseront l'année suivante; celui-là, pour éviter l'achat du vin, plante des vignes dans une plaine humide. Les familles perdent leurs tems et leurs frais à se barricader par des clôtures et plaider sur des limites et des voleries; toutes se refusent à des travaux d'utilité commune qui pourraient servir des voisins détestés; chacun ravage à l'envi les forêts, et oppose partout l'intérêt particulier au bien public.

« La culture incohérente compromet et attaque les propriétés;... le ravage des forêts, qui retenaient les eaux et alimentaient les fontaines, expose la plaine à des inondations et à des sécheresses; il frappe le pays entier d'une dégradation climatérique dont souffre chaque propriétaire... Tel village, par indolence ou mauvaise dispositions, crée des mares, des marécages et des fièvres. »   (Fourier.)

Que possèdent donc en commun les habitans d'une commune rurale? Parfois un champ qui reste en friche, ou un pâturage que chacun s'empresse de dévaster; un droit de vaine pâture qui semble pour les pauvres un droit de justice et d'humanité, et donne en définitive les résultats les plus désastreux. La taxe des pauvres en Angleterre est un impôt monstreux, effrayant; cependant, suivant M. Mathieu de Dombasle, le droit de vaine pâture, considéré comme moyen de venir au secours de la classe indigente, est bien moins raisonnable, bien plus onéreux à notre agriculture que la taxe des pauvres.

A la ville, siége principal de l'industrie manufacturière et du commerce, l'association existe tout aussi peu. Les hommes sont plus rapprochés sans être plus unis; quelques avantages communs, le pavage, l'éclairage des rues, etc., sont chèrement achetés par les embarras et les dangers d'un entassement désordonné. Là règne encore le morcellement familial; là se retrouvent la grande et la petite industrie.

Privée de capitaux, reduite à la force et à l'intelligence d'un seul individu qui doit embrasser, terminer toutes les parcelles de son œuvre, ou les payer chèrement au commerce de détail, la petite industrie, ne peut se maintenir que par une vie de labeurs et

de privations bien difficile au milieu des tentations
journalières.

La grande, industrie, forte de ses capitaux et de
son crédit, de ses agens et de ses machines, pouvant
facilement faire tout elle-même ou s'approvisionner
aux sources, rogne continuellement la part de la
petite industrie, la tient continuellement sous une
menace de mort. Mais elle-même a deux ennemis
implacables : d'abord la concurrence intérieure et
étrangère contre laquelle les douanes et le concours
d'associés ne la défendent pas toujours ; ensuite le
prolétariat qui lui fournit ses agens inférieurs.

C'est surtout dans les grandes villes manufactu-
rières qu'apparaît terrible le prolétariat ne possé-
dant en propre aucun instrument de travail, vivant
au jour le jour, esclave par la faim au siècle de la
liberté, aigri par la comparaison de sa misère avec
les jouissances du luxe, excité par les partis, n'ayant
rien à perdre et bravant volontiers la mort, maintenu
seulement par la force matérielle, mais lui sentant
ses forces augmenter tous les jours, et ne manquant
ni d'ambition, ni d'adresse, ni d'éloquence.

Des demandes subites d'ouvriers ont amené dans
les villes une foule de prolétaires attirés par un salaire plus élevé mais précaire, sujet à baisser ou à
manquer encore plus subitement. La vie est chère
dans les villes, les occasions de dépense sont mul-
tipliées. Les besoins augmentent avec la civilisation,
et les salaires ne suivent pas la même progression.
Les mœurs ont changé pour les ouvriers comme
pour les autres classes de la société : les bourgeois
petits et gros ont quitté la simplicité de leurs pères,

et se sont donné les apparences du luxe ; les ouvriers en font autant, ils ont pris, comme la bourgeoisie, des habitudes de dissipation et d'indépendance, et supportent impatiemment la contrainte du travail. Gênés quand ils sont bien payés, ils sont exposés à mourir de faim quand l'ouvrage ne va pas. Pour beaucoup, la vie est raccourcie de moitié par les privations, les fatigues, les occupations délétères : ce fait, les statistiques le prouvent, et l'on a imprimé de gros livres sur les maladies des artisans. C'est la faim qui les retient dans des ateliers tristes et dégoûtans, où le travail monotone n'offre que peine et ennui : aussi, quand ils peuvent, ils chôment le lundi, le mardi même, et se livrent à des excès rarement plus coupables que les plaisirs des riches. Hélas ! avec l'ordre le plus exemplaire, la plus stricte économie, qualités départies à peu d'hommes, l'artisan ne sort point de la misère s'il a une femme et des enfans : aussi a-t-il peur de se lier, et vit-il en concubinage ; les petits vont grossir le nombre toujours croissant des enfans trouvés.

Le sort des femmes est surtout affreux : avec des enfans, il leur reste peu de temps, et ce que gagne une ouvrière en douze heures de travail est au-dessous du strict nécessaire. Les hommes prennent une partie des travaux qui leur conviendraient, et au rebours on voit des malheureuses courbées sous d'énormes fardeaux, ou attelées, bêtes de somme, à de lourds charriots. Aussi la prostitution fait une monstrueuse curée des plus belles et souvent des plus dignes.

Les pauvres enfans ne sont pas mieux traités en civilisation.

Les ateliers établis dans les campagnes avec plus d'économie, améliorent peu le sort des ouvriers ; le salaire est également insuffisant, le travail également pénible, les mœurs s'y dépravent également, la vie s'y use aussi vite.

Et l'on s'étonne que tant de malheureux fuyent le travail et s'attaquent à la société, au risque de châtimens moins rigoureux que la liberté qu'elle leur permet. Et l'on s'étonne que tant de malheureux maudissent des gouvernemens qui semblent perpétuer un tel ordre de choses, qu'ils s'agitent et demandent des révolutions ! Ha ! parmi ces hommes en révolte contre les lois se trouvent bien des cœurs généreux, avides d'intelligence et de moralité, et dont une meilleure civilisation se ferait des serviteurs dévoués.

Dans les grands ateliers la division du travail rend les produits plus prompts et plus parfaits : les ouvriers s'habituent à fonctionner avec la régularité et la vitesse d'une machine et sans plus refléchir ; cependant on les remplace incessamment par des machines, dont la force immense n'a pas besoin de repos.

Mais les machines, les procédés nouveaux, qui facilitent de plus en plus la fabrication, ôtent la valeur aux capitaux précédemment employés et renversent d'anciennes entreprises. Mille autres causes, les caprices de la mode, une nouvelle invention, un renchérissement de matières premières, un changement dans les tarifs des douanes, l'agiotage du commerce, la faillite d'un débiteur, l'inconduite d'un associé, une guerre, une révolution, etc., peuvent amener la chûte des fabricans les plus habiles ; quelques uns se rùinent en faisant trop bien, ne pouvant soutenir la concurrence de ceux qui font mal, en trompant le public ; beaucoup périssent par encombrement au milieu d'une apparente prospérité : ils veulent rentrer dans leurs avances, subvenir aux frais de tous les jours, faire de gros bénéfices ; ils fabriquent tant qu'ils peuvent, en vue de débouchés qui ne s'ouvrent point ou se ferment bientôt : les consommateurs manquent ; au-dehors, l'Angleterre et d'autres nations en laissent peu aux fabricans français, au-dedans, la misère leur en ôte au moins ving-cinq millions.

Rarement les produits de la fabrique vont directement aux consommateurs ; le plus souvent ils passent par les mains d'une suite d'agens intermédiaires, qui tous doivent prélever un bénéfice. Le commerce met à la portée du consommateur les objets de consommation, et procure au fabricant l'écoulement des produits et la rentrée des capitaux ; tel est son but utile, son but social. Il a d'ailleurs, par ses courses lointaines, rendu d'importans services aux sciences et à l'humanité. Mais si quelques commerçans ont droit à la reconnaissance publique, la plupart sont des intermédiaires inutiles et ruineux.

Comme le trafic est peu payé en gloire, son but est l'argent ; sa règle, acheter bon marché et vendre cher. Comme cette règle semble fort simple, et ne pas exiger d'apprentissage, le nombre des concurrens augmente à chaque instant. Les traficans pullulent, non plus agens utiles de distribution , mais parasites affamés vivant, sans rien produire, sur le producteur et le consommateur, et se disputant leur proie avec une impitoyable rapacité, par tous moyens bons ou mauvais. Les plus faibles, les moins rusés, sont incessamment culbutés; les plus intrépides, les plus éhontés, trouvent dans une chûte un moyen de lucre, et de chûte en chûte arrivent à la fortune. Le commerce, laborieusement occupé à faire des dupes, sacrifie toujours la qualité à l'apparence; il tripote, falsifie jusqu'à l'empoisonnement; il a introduit partout ses habitudes de vénalité, de mensonge et de fraude; il a envahi la société depuis les derniers rangs jusqu'aux premiers; c'est une lèpre qui la ronge et la deshonore (1).

En toutes relations même conflit s'élève entre les intérêts individuels; non seulement les étrangers , mais les amis, les parens se traitent en ennemis, sans scrupule, pourvu que les formes soient à peu près gardées. L'intimité du ménage n'unit guère mieux les époux, les pères et les enfans; car le morcellement familial, source de gêne et d'ennui, affaiblit tous les liens affectueux.

Dans toutes les conditions, la morale et l'intérêt sont en désaccord, et l'homme fonde ses espérances sur le malheur de son prochain : le négociant qui a des grains en magasin peut rire quand la grêle détruit les moissons; le médecin et l'apothicaire ont

______

(1) Quelques honorables exceptions n'infirment pas la règle générale.

besoin de nombreux malades; le tailleur veut des étoffes qui durent peu et des modes qui changent chaque jour ; l'architecte n'est pas fâché qu'un incendie détruisant un quartier lui donne occasion de montrer son talent; tous se réjouissent de l'infortune d'un concurrent; bien des fils soupirent après l'héritage paternel; bien des femmes attendent impatiemment la mort d'un mari.

Pour empêcher une telle société d'être une arène sanglante, pour y conserver une ombre d'ordre et d'accord, il faut une multitude de lois, d'ordonnances, de règlemens qui jamais ne suffisent; il faut une multitude de gens occupés à les faire et défaire, à les commenter, à les appliquer : législateurs, administrateurs, magistrats, gendarmes, bourreaux, etc. Il faut prélever sur la production l'entretien de tous ces fonctionnaires et des dissidens eux-mêmes; or, un malfaiteur en prison coûte à l'état plus que ne dépense un honnête artisan ; il faut de gros impôts et une autre multitude de gens occupés à les percevoir, de chacun individuellement, de la manière la plus compliquée et la plus vexatoire. Des armées nombreuses qui enlèvent à la production l'élite de la jeunesse sont également indispensables et contre les ennemis extérieurs et contre ceux du dedans, car on s'entend aussi peu de peuple à peuple que de famille à famille.

Ces agens nécessaires de la civilisation sont des travailleurs complètement improductifs. Beaucoup d'autres sont également improductifs, qui mènent cependant une vie laborieuse : ceux même qu'on nomme oisifs travaillent, et souvent à grand' peine, soit pour administrer, défendre leur fortune, soit seulement pour chercher des plaisirs et supporter la vie ; ceux qui sont en révolte ouverte avec la société, les voleurs de grand chemin, par exemple, exercent un métier très pénible et très périlleux, et certes ils aimeraient mieux s'enrichir par un métier plus agréable et plus lucratif (1).

La civilisation, qui tourne dans un cercle vicieux, trouve de nouveaux obstacles à la production, et de nouvelles misères dans les moyens même qu'elle emploie pour établir l'harmonie ; il arrive que les agens chèrement payés pour maintenir l'ordre, pour prévenir ou réprimer les écarts, ont souvent intérêt au désordre et en deviennent plus ou moins secrètement les instigateurs; le juge, l'avocat, l'avoué, l'huissier trouvent leur compte aux procès qui les font

(1) « Le nombre des agens improductifs s'élève aux deux tiers de la population. Ils se composent des armées, agens fiscaux, douaniers, fraudeurs, commerçans et agens superflus de transport et de distribution, sophistes, oisifs, valets, agens de travail négatif et de travail destructif. A quoi il faut ajouter que l'absence de toute organisation régulière du travail social ne permet pas d'utiliser le travail de l'enfance et de la vieillesse, ni de rendre productif le travail des deux tiers des femmes absorbées dans les insignifians et monotones travaux de ménage. D'après cela onze millions de travailleurs positifs doivent subvenir aux besoins de trente-deux millions de Français, sur lesquels il y a vingt-deux millions d'improductifs ou travailleurs négatifs ; et néanmoins c'est parmi ces improductifs que se trouvent ceux qui consomment la presque totalité du produit. Qu'on s'étonne maintenant si les classes ouvrières sont exténuées de fatigue et vivent dans le denuement. » (MAURIZE.)

vivre; l'homme de la police veut des émeutes et des délits; le douanier des prohibitions; l'officier, des guerres qui lui procureront de l'avancement par la mort de ses camarades. Maint avoué embrouille les affaires et suscite des procès; maint administrateur complique l'administration , multiplie les emplois pour placer ses parens et ses créatures; maint général a fait naître des guerres, a livré des batailles dans son seul intérêt; l'armée entretenue aux frais du pays a plus d'une fois servi à l'opprimer.

Au milieu de cette société insolidaire et anarchique, l'homme erre entouré de piéges, sans cesse exposé à des attaques, à des trahisons, et réduit, pour se défendre, à sa faiblesse individuelle. Celui qui conserve quelque candeur succombe nécessairement; il faut toujours être en méfiance et sur la défensive; la vie n'est qu'une suite de soins fastidieux, de désirs combattus, d'espérances trompées; l'homme généreux ne peut s'abandonner aux élans de son âme, l'artiste aux inspirations de son génie ; la liberté n'existe pour personne, ni la richesse, ni le pouvoir ne l'obtiennent; nul n'est à l'abri des ennuis, des tracas, des douleurs; à chaque pas les sens sont choqués, l'esprit contrarié, le cœur attristé. Aussi combien d'enfans de la civilisation la maudissent, combien s'en délivrent par le suicide, maladie de plus en plus commune.

Oui, nous dit le Christianisme, cette vie est une vallée de misères, le bonheur n'est pas de ce monde ; que l'espérance d'une meilleure vie vous console et vous encourage. Cette doctrine de résignation admirable pour de malheureux esclaves et de pauvres serfs a calmé bien des douleurs, et en calmerait encore s'il était possible de la faire revivre. Elle s'appuyait sur l'ignorance des masses qui va se dissipant peu à peu; elle est tombée avec les antiques préjugés de rang et de naissance qui long-tems ont maintenu la société. A la place de ces préjugés règnent aujourd'hui ceux du libéralisme antipathiques à la résignation; moins que les anciens, les nouveaux préjugés servent immédiatement au bonheur des hommes; ils ont déjà causé bien des maux et coûté bien du sang; mais, en excitant partout la passion d'être mieux, ils auront eu cette utilité de provoquer des recherches dont quelques unes sans doute conduiront au but.

Le Christianisme n'a pu, en dix-huit cents ans, amener la paix sur la terre; religion de contrainte, il s'est usé à combattre les passions sans pouvoir les vaincre ni les changer (1).

Les moralistes et les philosophes reconnaissent unaniment le misérable état de la société; mais, étrange contradiction, tandis que les moralistes observateurs constatent, à toutes les époques de l'histoire, les mêmes passions et les mêmes vices, les

______

(1) Quoiqu'on apprécie maintenant ses bienfaits, quoique de grands génies s'efforcent de l'approprier aux nouveaux besoins de la société, et que l'instinct religieux de l'homme se manifeste en signes éclatans, le Christianisme aura bientôt fini sa mission : l'humanité attend une religion de joie et d'évidences. Lisez le bel ouvrage de Just-Murion : *Nouvelles Transactions sociales, religieuses et scientifiques de Virtommius*. Paris, 1832.

mêmes crimes, les mêmes malheurs avec quelques variantes, les moralistes dogmatiques ou prêcheurs s'imaginent toujours, depuis trois mille ans, pouvoir réformer les hommes par leurs préceptes. Avouons-le, la morale aussi est impuissante. C'est, dira-t-on, que la morale n'est point assez répandue ; qu'on la vulgarise avec l'instruction primaire, et le monde sera régénéré ; car le nombre des délits est en raison inverse du nombre des écoles : ceci est prouvé !—Ceci est une erreur : sans vouloir réclamer pour les paysans auvergnats ou bretons qui, dans leur ignorance, sont bien aussi moraux que le peuple plus civilisé des villes, n'est-il pas constant que la plupart des grands criminels avaient reçu au moins l'instruction primaire, et que les hommes le plus à charge à la société, intrigans, tripoteurs d'affaires, agioteurs, banqueroutiers, etc., etc., ont ordinairement les manières et le langage que donne une éducation morale ; mais ils ne se compromettent pas pour des niaiseries, ils peuvent attendre, ils ont et choisissent les occasions, ils savent d'ailleurs voler légalement et se mettre à couvert de la justice, tandis qu'un pauvre diable, pressé par le besoin, s'expose dix fois pour un écu, et ne peut manquer d'être pris. En civilisation, les avantages de l'instruction donnée à tous sont bien compensés par le grand nombre d'ambitieux, de mécontens, de fripons habiles, qu'elle lance au travers de la société.

Dans l'ordre politique, quels grands progrès a fait la morale ? Les horreurs de 93, les tueries et les incendies de vingt ans terminées par le massacre de Waterloo, les complots et les guerres civiles ensanglantant l'Europe d'un bout à l'autre, l'extermination du peuple polonais, nos cités les plus industrieuses devenues périodiquement des champs de carnage, etc., etc., valent à peu près, en moralité, les barbaries antiques et du moyen-âge. Le serment ne lie plus, et on est revenu à la force comme suprême raison.

Les chefs des nations étant tout naturellement fort enclins à abuser du pouvoir et à faire servir les lois à leur satisfaction personnelle, bien des gens s'en prennent aux formes gouvernementales des malheurs de l'humanité, et demandent des changemens, des bouleversemens politiques, les uns d'une façon, les autres d'une autre, chacun suivant ses préjugés et ses convenances.

Observons cependant que les peuples civilisés ont avancé à peu près parallèlement sous les gouvernemens les plus divers; qu'en dépit des formes différentes la civilisation a grandi partout presque de la même manière; et qu'avec l'assortissement assez complet de monarchies pures, de monarchies constitutionnelles et de républiques que nous voyons aujourd'hui, les peuples se trouvent en réalité tous au même point ou peu s'en faut; tous présentent encore des minorités improductives et abondamment pourvues, mais vacillantes, inquiètes, et des majorités souffrantes mais avides d'émancipation.

S'il y a quelque différence, elle est en faveur des peuples que nous disons le plus arriérés. D'après les recherches de M. B. de Morogues, les pays qui brillent par le commerce et l'industrie manufacturière présentent proportionnellement un bien plus grand nombre de misérables que ceux où l'industrie manufacturière est peu développée : celui qui en présente le moins est le Portugal, le Portugal si indifférent au succès du parti constitutionnel.

C'est que la pondération des industries est bien autrement importante que la pondération des pouvoirs politiques. Les droits politiques n'assurent pas grand-chose par rapport aux besoins positifs de la vie. L'industrie dont chacun a besoin, dont chacun use tous les jours, est le grand levier qui pousse l'humanité. Les idées, celles qui expriment un besoin général de l'organisation humaine, sont aussi une immense puissance; mais il faut qu'elles soient développées, appuyées par des faits industriels : la nécessité d'avoir des esclaves intelligens pour satisfaire le luxe des maîtres a contribué à l'abolition de l'esclavage autant que la sympathie fraternelle prêchée par le Christianisme. Ce sont des faits industriels, la boussole, la poudre, l'imprimerie, la vapeur, etc., etc., qui ont changé la face du monde, qui lui préparent de nouvelles destinées et les lui garantissent. Le fait fatidique de notre longue et cruelle révolution est un fait domestique et industriel, la division des propriétés, qui doit nécessairement amener l'association (1) : ce fait pouvait surgir autrement que par un bouleversement dynastique. C'est un fait du même genre, la pénurie suite de l'incohérence industrielle, qui a rendu au moins inutiles tant de changemens révo-

(1) Note A.

lutionnaires, et qui rendrait funeste une nouvelle révolution.

Dans une lutte entre les factions, la masse du peuple n'a rien à gagner, et pas plus dans une lutte entre le pouvoir absolu et le libéralisme révolutionnaire : le premier et le plus certain résultat est toujours l'interruption du travail productif; puis, en général, si l'absolutisme triomphe, la servitude est aggravée, et si le libéralisme est le plus fort une nouvelle constitution de méfiance et de balancement, telle qu'elle peut être après un combat, multiplie de plus en plus les chômages (1) et prépare d'autres collisions; les constitutions n'arrêtent ni les peuples ni les princes. La constitution la plus belle et la mieux équilibrée laisserait toujours la France en présence de ce fait : une moyenne de 10 sous par jour pour chaque individu. Avec cela faites vivre les hommes en paix au dix-neuvième siècle! Que si, par une révolution radicale, on *pouvait* faire disparaître la monstrueuse inégalité des fortunes, on aurait une bien plus monstrueuse égalité de misère et d'abrutissement. L'humanité ne peut rétrograder ainsi.

L'humanité avance, d'un pas inégal, il est vrai, à travers toutes les formes gouvernementales, tous les déplacemens d'hommes, tous les reviremens qu'on appelle des révolutions, et dont l'une défait souvent le peu de bien qu'avait fait l'autre.

(1) Pour être tous les jours sur la place publique, soit comme garde national, soit comme électeur, soit comme juré, etc., il faudrait avoir les esclaves des peuples anciens.

Les faits industriels devenus généraux et domestiques restent et porteront leurs fruits; mais avant d'être murs, ces fruits sont quelquefois acerbes.

Les gouvernemens, bien qu'intéressés à la prospérité générale, se sont jusqu'à présent assez mal interposés dans les transactions industrielles, et de-là le principe négatif des économistes : *Laissez faire, laissez passer.* Mais le reproche peut s'appliquer à toutes les formes de gouvernement, à la république comme à la monarchie.

Il semble qu'on n'ait jamais entrevu le but de la société, et que la forme du pouvoir ait été tout. Le but social est le développement de l'homme, la satisfaction de ses facultés physiques et morales; le pouvoir politique est un moyen, et il a rempli fatidiquement une partie de sa mission : il maintient comme il peut l'ordre public, l'ordre extérieur, constatant lentement les progrès bons ou mauvais de la société, et ne prenant presque jamais l'initiative. Une mission plus belle et non plus difficile serait celle d'initiateur, celle d'harmonisateur des forces sociales. Cette mission, les gouvernemens peuvent la remplir quelle que soit leur forme; mais cependant, suivant les circonstances, une forme peut être préférable à une autre, et chez nous la monarchie vaut infiniment mieux que la république.

La république des plus honnêtes utopistes, de ceux qui veulent réussir par la seule persuasion, n'a point crédit auprès des esprits justes ; malheureusement, le nombre est grand des esprits que la faim livre aux illusions. La république ne pourrait tenir aucune de ses promesses : elle promet diminution des charges publiques, elle serait forcée de les aggraver toutes ; meilleure répartition, elle ferait des reviremens stériles pour les dégrevés, accablans pour les imposés ; réduite à dépouiller les riches sans pouvoir satisfaire ses amis, elle finirait par dévorer ses plus généreux enfans au milieu d'un conflit général. Je sais que pour suppléer aux richesses qu'elle ne saurait créer, elle compte sur le dévouement et la vertu, et cite avec orgueil les ouvriers des trois grands jours. J'admire leur courage et leur désintéressement, je sais ce que peut l'enthousiasme ; mais je sais aussi que dans notre société famélique l'enthousiasme s'éteint bientôt sous la main du besoin. Qu'on trouve moyen d'augmenter la richesse, d'y faire participer tous les citoyens, d'unir les intérêts matériels, alors la sympathie des âmes aura toute sa force, et l'on verra briller les vertus et le dévouement.

Quant aux républicains fougueux, ennemis mortels du gouvernement établi, qu'ils cessent de troubler la paix publique et de se faire les martyrs d'une cause réprouvée. En butte aux rigueurs du pouvoir, ils se plaignent à tort qu'on viole les lois à leur égard : la guerre règne, il s'agit bien de légalité ; des deux côtés on combat hors de la constitution. Etre attaqué, se défendre par tous les moyens possibles est maintenant la nécessité du pouvoir : c'est à la nation de juger si les moyens sont bons ou mauvais, et non point à ceux qui attaquent. Les hommes qui possèdent sont pour le pouvoir, et la plupart font bon marché de la légalité, pourvu qu'on assure leur tranquillité; la faute en est aux républicains.

Le gouvernement de 1830 a raison contre les républicains et les légitimistes ; il est le gouvernement le plus légitime puisqu'il convient le mieux aux administrés. Il existe, il a pour lui la majorité des citoyens, il offre des garanties de paix et de sécurité ; mais il est dans une position fort précaire : que chacun donc lui apporte aide et conseil.

Bien des mesures sont conseillées ; malheureusement, elles sont rarement bonnes : ainsi, quoique la force matérielle soit utile , l'augmenter en aggravant les charges qui pèsent sur la production est chose bien funeste , car le peuple de tous rangs reste moins indifférent à des froissemens d'intérêts matériels qu'à des violations de la Charte, qui n'atteignent après tout que des individus isolés. La révolution de Juillet elle-même a éclaté autant pour la défense d'intérêts industriels que pour la défense de droits politiques. On commence cependant à comprendre cette vérité ; on parle beaucoup d'industrie , on jette en avant des projets de chemins de fer la plupart inexécutables , on s'occupe des tarifs de douanes, on fait des enquêtes, on ouvre des expositions de l'industrie. Les uns demandent la suppression des impôts qui pèsent sur la classe ouvrière, les autres l'établissement d'écoles industrielles. On crée des caisses d'épargnes, on discute le droit et le principe d'association, mais les associations essayées jusqu'à ce jour en France n'ont guère été que des coalitions, soit de la part des ouvriers, soit de la part des maîtres, et celles que vantent les économistes les plus avancés n'auraient d'autre

résultat que le retour des corporations et des maî-
trises.

Il faut établir un juste équilibre entre les différentes industries; il faut rendre à l'industrie agricole la suprématie due à l'utilité et à la quantité de
ses produits, à sa généralité, à sa moralité; il faut
lui rattacher les autres industries dans leur propre
intérêt; en un mot, il faut organiser *intégralement*
l'industrie.

L'industrie agricole en France donne annuelle-
ment un produit de 5 à 6 milliards, et cependant
presque partout le travail, l'intelligence et les capitaux manquent à nos terres, dont une partie considérable est totalement délaissée : les plus habiles
économistes-agronomes affirment que, par des travaux d'ensemble et un meilleur système de culture,
le produit pourrait aisément quadrupler. Devant de
tels faits, on conçoit peu l'insouciance de nos hommes d'état pour l'agriculture : le sol est toujours là,
disent-ils; il y aura toujours sur le sol du blé et des
bestiaux. — Par cette raison que le sol est toujours
là, propriété inaliénable de la nation, capital immense qu'aucun autre ne peut égaler, nous sommes
plus intéressés à en tirer un bon parti. Le développement de l'agriculture peut garantir toutes les
chances des mauvaises années; or, croit-on que
maintenant une mauvaise récolte, et par suite le
prix haussé des alimens, n'ait pas plus de danger
qu'une diminution de quelques travaux manufac-
turiers? Rendons grâce au ciel qui n'a pas voulu que
la disette fût l'auxiliaire des passions politiques;
mais ne livrons plus rien au hasard. On craint les

ouvriers de la fabrique parce qu'ils sont agglomérés dans les grandes villes , c'est donc un avantage de la culture d'avoir ses travailleurs disséminés à peu près également sur tout le territoire. Indépendamment de cette position, qui rend difficiles les coalitions et les émeutes, la nature des travaux agricoles est un gage de patience, de prévoyance et de fixité, car ils embrassent toujours une longue période, font attendre leurs résultats, et attachent l'homme au sol de la patrie. Le travail des ateliers, outre qu'il est plus malsain et moins varié, habitue l'ouvrier à une vie agitée et errante. Le commerce est encore moins moral; ses spéculations et ses gains instantanés font naître la passion du jeu : les progrès immoraux de l'agiotage suivent toujours ceux du commerce et de la fabrique, et attirent incessamment dans les villes, au grand détriment de l'agriculture, des hommes et des capitaux improductifs. La fabrique entretient et envenime le chancre du paupérisme ; ses machines multiplient indéfiniment les objets de luxe ou d'utilité secondaire, et ne sauraient créer les choses de première nécessité , viande, blé, etc. Quand les machines font baisser les salaires, y a-t-il compensation pour l'ouvrier, dont le gain est réduit de 5 ou 10 sous, à payer moins cher des produits manufacturés qui n'entrent dans sa dépense que pour 1 ou 2 sous? Les ouvriers n'ont donc pas tort de se plaindre des machines ; elles ne seront sans danger que lorsqu'elles fonctionneront dans l'intérêt commun des capitalistes et des ouvriers.

Il y a disproportion énorme entre les produits du

sol et ceux de la fabrique. Il est urgent de rétablir l'équilibre, de rendre à la terre des capitaux et des bras, de donner à l'agriculture le rang qui lui est dû. Ainsi pensaient Sully et nos plus sages ministres. Colbert a subalternisé l'agriculture; l'industrie manufacturière servait mieux les goûts pompeux de Louis XIV, et, à l'exemple du monarque, le luxe des grands et des bourgeois a encouragé les fabriques; les campagnes ont été délaissées par la vanité française. Les Anglais, moins vains et moins courtisans, ont mené de front les deux industries, ils n'ont plus qu'à les associer.

Il faut organiser unitairement, et sur une assez grande échelle, les travaux de culture et de fabrique, ceux de ménage, ceux de commerce, c'est-à-dire tout ce qui concerne la production, la distribution et la consommation; associer les trois élémens de l'industrie, capital, talent et travail, et utiliser les forces individuelles quelque petites qu'elles soient.

Il est naturel d'appeler à cette organisation les citoyens déjà rapprochés politiquement, et de prendre pour unité sociétaire l'unité politique, la commune.

L'organisation industrielle de la commune rurale, voilà donc la grande question que doivent examiner les ministres, les chambres, les propriétaires, les industriels, tous ceux enfin qui ont intérêt à la tranquillité publique. Cette organisation n'est point politique, elle n'est même pas administrative, dans le sens ordinaire de ce mot, car elle n'est contraire à rien de ce que prescrit la loi; elle embrasse les choses dont la loi laisse à chacun la libre disposition. Si les habitans d'une commune voulaient réunir toutes les ressources dont chacun dispose, use et abuse librement, s'ils pouvaient (ce qui est facile) unir leurs intérêts, que seraient pour eux, jouissant de tous leurs biens particuliers avec l'économie et la force de l'union, quelques centimes additionnels et des lois municipales, tant libérales ou tant restrictives fussent-elles? Avec les ressources dites communales, les conseils municipaux, quand ils réuniraient toutes les vertus et toutes les lumières, seraient bien impuissans; mais, suivant le *Journal des Débats*, les municipalités sont loin d'être aussi parfaites.

« La commune a, de plus que les dissensions publiques, les divisions qui lui sont propres : ainsi il y a les luttes, les oppositions de quartiers, qui tiennent à leur situation, à leurs avantages ou inconvéniens particuliers, aux professions qui y sont agglomérées; ici le port, là la ville; ici les métiers, là les propriétaires; ici l'industrie, là l'agriculture, et tout cela à l'indéfini, tout cela varié autant de fois qu'il y a de prétendues *unités* communales, c'est-à-dire à peu près quarante mille fois dans le royaume. Faites régir la commune par les municipalités : un seul intérêt y dominera de toute nécessité; de toute nécessité il sera oppressif.

« A côté de ces divisions permanentes, il y a des luttes propres à chaque affaire qui est sur le tapis. Il s'agit d'un pont : où sera-t-il placé? Selon l'intérêt de six, sept, huit membres du conseil qui auront leurs habitations contiguës. Il s'agit d'un établissement insalubre, les habitans de la section où on veut le former réclament. Mais il y a dans le conseil majorité de membres qui n'en souffriront pas. Les réclamations sont étouffées. » *(Journ. des Débats.)*

L'église, la mairie, le marché peuvent-ils être à la commodité, je ne dis pas de tous, mais seulement du grand nombre ? Où placer l'école pour que la moitié des enfans n'en soient pas à une demi-lieue, obligés pendant l'hiver, seule saison d'école à la campagne, de trotter dans la boue, par la neige et la pluie?.... Maintenant tout est désordre, embarras, misère.

Supposons que des travailleurs pourvus de quelques capitaux s'établissent sur un terrain d'une étendue convenable, avec leurs femmes et leurs enfans. L'apport de chacun, en argent, terres, ou mobilier est converti en actions hypothéquées sur la totalité de l'établissement, et qui donnent droit à une part proportionnelle dans les bénéfices. Chacun est ainsi intéressé au succès commun tout en conservant cependant sa fortune particulière bien placée sous ses yeux. On verra ci-après la part du travail et du talent, mais on conçoit déjà que si quelques uns n'ont pu apporter que leur travail et leur talent, il est de l'intérêt des autres de leur faciliter les moyens d'être aussi actionnaires en capital, et pour cela d'accorder une prime à leurs économies, et d'établir une caisse d'épargne, de sorte qu'en peu de tems tous puissent devenir capitalistes et propriétaires.

Les associés se gardent bien de diviser leur territoire en lopins et de bâtir une maisonnette pour chaque famille, ils construisent à moins de frais, dans l'emplacement le plus favorable, une seule grande maison. Chacun y loue un logement à sa convenance, comme font les habitans des grandes villes, qui se trouvent parfaitement libres sous un toit commun à plusieurs locataires. Par un principe d'économie déjà bien apprécié dans les grands établissemens publics, ils n'ont pour tous qu'une vaste cuisine, ce qui n'implique nullement la condition de manger tous à la même table et des mêmes plats : une grande cuisine, avec une moindre dépense de feu et d'ustensiles, et en n'occupant qu'un petit nombre des meilleures cuisinières, contente bien mieux les goûts divers des associés, que cinquante ou cent petites cuisines. Les denrées que l'établissement ne produit pas sont achetées en gros et de première main, par conséquent au meilleur marché possible.

Le territoire commun, exploité unitairement de la manière la plus fructueuse, présente de belles masses de cultures variées et appropriées aux diverses qualités, aux diverses expositions des terres. On emploie la force des animaux là où celle de l'homme s'userait péniblement et sans avantage, on s'aide de machines et d'instrumens perfectionnés.

Les sociétaires, assez nombreux pour expédier les travaux lestement et en tems opportun, ne passeront point de longues journées, sous le givre ou la pluie, à faire de détestable ouvrage comme les quatre-vingt-dix-neuf centièmes des cultivateurs. Point de chômage cependant; des ateliers propres et sains les attendent au logis; on y confectionne la plupart des objets nécessaires ou utiles à la communauté; on y transforme les produits du sol pour les amener à leur plus haute valeur vénale (1). Les travaux sont multipliés, variés autant que possible, et de là résulte qu'il y en a pour tous les goûts, pour toutes les forces; que les femmes, les vieillards, les jeunes enfans trouvent toujours à s'employer utilement et avec plaisir; que les aptitudes individuelles ont occasion de se développer librement à l'avantage de tous; enfin, que les chances de perte sont disséminées sur un grand nombre d'industries qui s'assurent mutuellement.

Chaque genre d'industrie est exercé par une série de travailleurs qui se divisent en groupes plus ou moins nombreux; le travail solitaire est très rare, car le travail en commun est plus animé, plus pro-

(1) Ne semble-t-il pas qu'on ait dispersé, comme à plaisir, certaines industries naturellement connexes? Les transports, les transactions commerciales et autres frottemens du mécanisme industriel ne sont-ils pas multipliés démesurément et en pure perte? Par exemple, tel propriétaire de troupeaux, établi dans le Berri, vend ses laines en suint à un lavoir des environs de Paris, d'où elles sont revendues et expédiées à une fabrique d'Elbeuf; celui-ci fournit un marchand de Bourges chez lequel le tailleur du susdit producteur de laine prend sa provision de draps. Et qu'on veuille bien remarquer que l'itinéraire ici tracé est un des plus directs qui aient ordinairement lieu, et que, dans ce ricochet de spéculations hostiles les unes aux autres et au consommateur, nous avons omis une foule de trafics à la suite, et de misérables colportages.

(L. ROUSSEAU, *Prospectus d'une Entreprise agricole et manufacturière.*)

ductif, surtout entre co-associés excités à bien faire par intérêt et émulation. L'émulation existe de groupe à groupe comme d'individu à individu.

Dans chaque groupe les travailleurs se partagent l'ouvrage suivant leurs aptitudes : voilà la division du travail admise dans ce qu'elle a de bon; ses inconvéniens ordinaires sont prévenus par la disposition suivante.

Chaque travailleur alterne ses occupations et figure successivement dans plusieurs groupes et dans plusieurs séries; les séances sont courtes et variées. On croit à tort cette méthode opposée à tout perfectionnement; elle est conforme aux lois physiologiques, elle prévient l'ennui et la fatigue, elle permet le développement intégral du corps et de l'esprit. Certes, il n'est point de métier où avec de l'adresse et de l'intelligence, de l'aptitude et de la bonne volonté, on ne puisse devenir fort habile par une pratique journalière de deux heures. La preuve en est partout : les entrepreneurs savent très bien que les plus experts ouvriers sont rarement les plus anciens; ce sont presque toujours des jeunes gens trop souvent peu laborieux et moins assidus à l'atelier qu'à la guinguette. Et dans le monde, que d'occupations variées remplissent la vie des hommes qu'on dit uniquement appliqués à une seule chose parce que cette chose les nomme ou les fait vivre.

Quelques travaux scientifiques exigent, par exception, de longues séances et la solitude; et néanmoins, à l'Ecole Polytechnique, là où il y a la plus grande masse de travaux scientifiques, ils ont lieu avec variété, en courtes séances et par groupes.

Sur cette multiplicité des travaux est fondée la possibilité de répartir les bénéfices à la satisfaction générale.

Si chacun figurait dans une seule cathégorie, il défendrait avec obstination son intérêt unique ; s'il n'avait qu'un seul emploi, qu'une seule industrie il ne trouverait jamais qu'elle est assez rétribuée ; mais chacun ayant droit à plusieurs rétributions, tiendra bien moins à faire augmenter l'une au dépens des autres.

Les capitalistes, en même tems travailleurs, demandront le dividende du capital à un taux raisonnable et point trop élevé, soit pour ne pas diminuer leur dividende industriel, soit pour ne pas tarir la source de leur fortune en décourageant les travailleurs moins riches en capitaux. Les plus forts capitalistes trouveront même leur compte à hausser proportionnellement l'intérêt des petits capitaux. L'intérêt du capital une fois fixé, la répartition s'en fait facilement par une règle de proportion.

Pour le travail et le talent, on alloue un dividende à chaque série en raison du mérite utile et de la quantité des produits constatée par les comptes généraux. Dans chaque série les groupes font entre eux une répartition analogue, dans chaque groupe les individus, d'après les notes de tems et d'ouvrage tenues dans les séries et dans les groupes. Une portion du dividende est répartie proportionnellement au tems employé et à la quantité d'ouvrage fait, l'autre portion est allouée au talent, soit pratique, soit théorique.

Toutes les répartitions, toutes les primes sont

votées par les intéressés, mais en partant de *minima* qui assurent au plus mal partagé une honnête rétribution. C'est le vote universel établi sans déplacement, sans perte de tems, et où chacun ne figure que dans les choses de sa compétence : il peut servir à l'appréciation de tous les travaux nécessaires, utiles ou d'agrément, matériels ou intellectuels.

Tous les moyens étant employés pour éloigner du travail utile la fatigue et l'ennui et le changer en exercice salutaire et agréable, l'aiguillon de la faim ne sera plus nécessaire pour y pousser l'ouvrier, et la société, riche de nombreux produits, ne craindra plus d'assurer à chacun de ses membres un minimum d'entretien qui ne serait dans l'état actuel de l'industrie qu'une prime donnée à la paresse. Le vieillard ne sera plus un fardeau pour ses enfans. Les enfans ne seront plus la ruine des parens; confiés dès la naissance à la garde de quelques mères les plus propres à cet emploi, ils recevront une éducation pratique d'abord, qui, tirant parti de la curiosité naturelle au jeune âge, sans contrainte et sans tristesse, tâtera, développera leurs facultés.

L'ouvrier en se mariant ne craindra plus la misère, les filles sans dot trouveront des maris, et avec l'aisance et le contentement règneront les bonnes mœurs et la concorde.

Pour qu'un pareil établissement présente de grandes économies et de grands bénéfices, il faut qu'il soit assez vaste, assez nombreux ; il le faut aussi pour que la concorde, l'harmonie puisse y durer. Les personnes qui arguent de la difficulté de faire vivre en bonne intelligence deux ou trois familles contre la possibilité d'en accorder deux ou trois cents sont en opposition complète avec la vérité. Rien de plus fréquent que les froissemens, rien de plus terrible que les antipathies en petites réunions. Dans une vaste association où les occupations sont aussi variées que les caractères, chacun est tout entier aux choses de son goût; et avec les gens qui lui conviennent le mieux, chacun est bien dans son emploi et utile à tous les autres. Que si deux hommes ordinairement antipathiques se rencontrent dans un même groupe, c'est par un goût et par un intérêt commun qui, cette fois, établissent entre eux l'harmonie.

Le système d'industrie attrayante, dont je viens de dire seulement quelques mots, appartient à M. Ch. Fourier qui, pendant trente ans de méditations, l'a développé dans tous ses détails et jusqu'à ses dernières conséquences. Le tableau déroulé par M. Fourier est tellement magnifique que les esprits habitués aux petitesses civilisées ne peuvent d'abord le concevoir.

M. Fourier nomme *phalange* une masse de 1,500 à 2,000 personnes, hommes, femmes et enfans, réunis sociétairement; et *phalanstère* leur habitation placée au centre d'un terrain d'environ une lieue carrée. Le nombre 1,800, le plus convenable, donne, suivant les calculs de M. Fourier, un assortiment complet de caractères appropriés à tous les travaux. C'est la population d'une petite ville d'environ trois cents maisons; il s'y trouve des riches, des pauvres, des gens de moyenne fortune, tous mieux logés dans un vaste et magnifique palais que dans leurs trois cents maisonnettes.

La description du phalanstère semble un conte des Mille et une Nuits; et réellement, une petite ville morcelée, toute pauvre et incommode, coûte plus à bâtir et beaucoup plus à entretenir qu'un superbe phalanstère avec ses portiques, son église, sa bibliothèque, son théâtre, ses riches bazards, sa belle *rue-galerie* qui permet de circuler partout sans s'exposer à l'intempérie des saisons.

La peinture et la sculpture orneront de leurs chefs d'œuvre le moindre phalanstère. Aujourd'hui, dans les petites villes, à peine trouve-t-on un badigeonneur capable de barbouiller une tête noire ou un bras d'or; et, dans les capitales, l'artiste est contraint de mettre son génie à la merci de l'ignorant qui daigne le salarier. Mais toute phalange cultivera les beaux-arts et sera fière de ses artistes, car la moins favorisée verra éclore de grands talens lorsque les vocations vraies seront noblement encouragées.

L'éducation développera, dès la première enfance, le bon goût, la grâce et l'agilité : comme moyen de former le corps et l'esprit, Fourier emploie les jeux scèniques, et combien ils seront faciles et superbes, quand presque tous les habitans d'un phalanstère pourront y concourir, acteurs ou chanteurs, musiciens, décorateurs..... Les fêtes et les cérémonies seront fréquentes et somptueuses; intermèdes nécessaires, loin de nuire aux autres travaux elles y répandront l'enthousiasme.

Le palais phalanstérien, disposé de manière à faciliter les évolutions des groupes qui passent fréquemment d'un travail à un autre, doit présenter des corps-de-logis redoublés : ces corps-de-logis encadrent de belles cours plantées. Au rez-de-chaussée se trouvent les salles de réunion et de travail ; chaque série avec ses groupes de travailleurs en occupe plusieurs dont l'ensemble forme un *séristère*. Les salles de la bibliothèque et du conseil, la bourse où le soir on va s'entretenir des affaires de la phalange, les ateliers les plus tranquilles et les plus élégans sont au centre de l'édifice ; les ateliers bruyans sont relégués aux extrémités. «On évite par ces dispositions un inconvénient de nos villes civilisées où l'on trouve à chaque rue quelque fléau des oreilles, ouvriers au marteau, marchand de fer, apprenti de clarinette brisant le tympan à cinquante familles du voisinage, tandis que le marchand de plâtre ou de charbon les enveloppe d'une poussière blanche ou noire qui empêche d'ouvrir les croisées.»

F.

Aux étages supérieurs sont des appartemens variés d'exposition, de grandeur et de prix ; ces prix suivent une progression engrénée, de sorte qu'au centre, quartier d'apparat, se trouvent des logemens inférieurs à quelques uns de ceux des ailes. « La progression simple, constamment croissante ou décroissante aurait des inconvéniens très graves ; elle blesserait l'amour-propre et paralyserait divers leviers d'harmonie. »

F.

Dans un phalanstère, hommes et choses, tout est distribué par séries engrénées : c'est une loi générale de la nature d'où nait l'enchaînement et l'équilibre des parties de l'univers. L'engrenage en association produit le ralliement des différens travaux, des différens caractères, et des classes riche, moyenne et pauvre.

Les pauvres jouissant tous d'un minimum décent, habitués à la propreté et à l'élégance, stimulés à exercer leur intelligence, à développer leurs talens au milieu d'un monde ami, perdront l'ignorance et la grossièreté qui, plus que la misère, les sépare de la classe aisée : les riches se rencontreront volontiers avec eux dans les groupes scientifiques et industriels où les appelle le plaisir du travail.

Tout homme riche ou pauvre prend goût au travail utile, quand il peut choisir parmi un grand nombre d'occupations celles qui lui conviennent le mieux, et passer librement de l'une à l'autre ; quand il est entouré d'objets agréables et aidé par des gens possédés des mêmes goûts ; quand l'émulation est en jeu ; quand le travail est récompensé en argent et en honneur, quand il se rattache à un grand et noble but.

Le travail, voilà le sort de l'humanité. Le travail attrayant, voilà ce qui doit régénérer le monde, en faisant disparaître la paresse et tous les vices qu'elle engendre, en multipliant les richesses, et unissant tous les hommes.

Quelques travaux qui ne seraient du goût de personne, peuvent offrir un attrait indirect étant bien payés, *honorés* et exécutés en très courtes séances. Aujourd'hui les travaux les plus répugnans et souvent les plus utiles, sont avilis parce que la misère seule y contraint les gens les plus grossiers : dans le phalanstère, où les choses sont autrement appréciées, un dévouement glorieux peut vaincre bien des répugnances : qu'on voie quels dégoûts le dévouement fait surmonter à de faibles femmes, sœurs des hospices, dames de charité, etc.....

Mais M. Fourier, qui sait tirer parti de bien des penchans réprouvés par la civilisation, pense que le gout assez général des enfans pour les choses malpropres indique le rôle auquel la nature les destine ; et dans le phalanstère, suivant lui, les garçons de 9 à 15 ans, organisés en *petites hordes*, se chargeront avec joie « des branches d'industrie qui, par excès de répugnance, obligeraient à rétablir des classes de salariés et de gens dédaignés, » (F.) tous les moyens étant pris pour ne point compromettre leur santé et soutenir leur enthousiasme.

Les phrénologistes croient que tous les penchans sont bons dans leur état normal, M. Fourier affirme que toutes les impulsions sont utiles convenablement employées, et il donne le moyen de les employer. Il fait voir quels avantages l'association tirera des penchans qui semblent les plus égoïstes, les plus anti-sociaux, tels que la gourmandise, l'avarice..... Il a calculé rigoureusement l'équilibre des passions et démontre comment on peut prévenir leurs excès en absorbant l'une par l'autre sans contrainte (1).

D'ailleurs, au milieu du bien-être commun, le moral et le physique de l'homme se perfectionneront également ; les passions généreuses deviendront prédominantes, et les penchans mauvais seront des maladies aussi rares alors que les jambes torses et les dos pointus. Le désordre social excite

(1) Note B.

et fait naître les mauvais penchans, comme il produit et perpétue le rachitisme, la syphilis, la peste, le choléra, etc.

Si jusqu'à présent les passions ont eu pour l'homme tant de fâcheux résultats, c'est que l'homme a toujours été dans un état social faux ou embryonnaire; mais dans l'ordre vrai ou phalanstérien, l'attraction passionnée, guide aussi sûr, aussi invariable que la raison est variable et trompeuse, deviendra le principe du mouvement social. Alors on reconnaîtra que Dieu, en nous créant avec des passions, a voulu notre bonheur, et qu'on peut facilement «concilier le libre arbitre de l'homme obéissant par plaisir, avec l'autorité de Dieu commandant le plaisir par impulsion attractionnelle. »   F.

Mais dit-on, en lâchant la bride aux désirs de l'homme, on arrive à l'absurde : «Chacun voudrait des millions et un palais; comment faire pour en donner à tout le monde? Objection frivole! Est-ce là un motif d'abandonner une étude? Poursuivez-la sans vous effrayer : achevez ce que Newton a commencé, le calcul de l'attraction; il vous apprendra que celui qui désire des millions et un palais désire trop peu; car dans l'état sociétaire, le plus pauvre des hommes jouira de cinq cent mille palais, où il trouvera gratuitement beaucoup plus de plaisirs que ne peut s'en procurer un roi de France avec trente millions de rente, etc. »   F.

Le premier phalanstère fondé, l'imitation sera prompte ; des phalanges s'établiront sur les grandes propriétés, sur les terrains incultes, et les communes s'organiseront sociétairement; peu importe sous quel nom, soit phalanstère, soit commune associée, colonie sociétaire..... Les phalanges s'entendront pour cultiver et fabriquer chacune ce qui lui conviendra particulièrement. Le commerce entre elles sera direct et véridique. Des canaux, des chemins de fer convriront la France ; les marais seront desséchés, les montagnes reboisées, etc. Le gouvernement, libre désormais d'inquiétudes, n'aura plus qu'à diriger l'ensemble des grands travaux qui feront du royaume entier un pays de féérie : pour cela il obtiendrait facilement sur un produit au moins quadruple, un budget double de celui qu'il arrache maintenant avec tant de peine : un seul impôt payé à jour fixe par le caissier de chaque phalange remplacera tous ceux actuels, et donnera sur la perception une économie de plus de cent millions.

Mais le globe passant à l'état sociétaire, tous les peuples n'en feront bientôt plus qu'un seul : les sauvages se formeront à l'agriculture et les barbares aux mœurs policées. Des armées industrielles remplaceront nos armées dévastatrices, et iront dans toutes les parties du monde achever de glorieux travaux que jamais l'homme n'avait osé rêver, tels que le défrichement du grand désert de Sahara ; percer les isthmes de Suez et de Panama ne sera qu'un jeu d'enfans. L'homme parcourra plus aisément le monde entier qu'aujourd'hui une seule province, trouvant partout des amis et partout l'unité de mesures, de monnaies et de langage.

On n'a pas à craindre qu'un excessif accroissement de population ramène le paupérisme et la guerre.

La vie raffinée du phalanstère diminuera la fécondité des femmes, comme la culture diminue celle des fleurs : le nombre des enfans n'est-il pas moindre chez les riches que chez les pauvres? La population augmentera peu; mais elle aura une force bien plus grande; la vie sera beaucoup plus longue; une multitude d'enfans ne périra plus avant d'avoir payé la société de ses avances; les maladies seront très rares; la médecine sera surtout hygiénique, car les médecins seront rétribués par les phalanges en raison directe de la bonne santé des sociétaires.

C'est trop beau, c'est impossible! a-t-on dit souvent à M. Fourier.

Le monde a-t-il donc accompli ses destinées, la civilisation de 1834 est-elle donc le *nec plus ultrà* qu'il devait atteindre dans la suite des siècles, à travers tant d'institutions oubliées que les sages croyaient éternelles? Quel philosophe ancien a soupçonné l'abolition de l'esclavage? Qu'eussent répondu les Aristote et les Pline si on leur eût prédit la boussole, la poudre, la vapeur, ou quelqu'autre merveille de notre industrie?—Non, le grand avenir annoncé par Fourier n'est pas impossible; il résulterait maintenant d'une simple expérience qui peut se faire sans risque et partout; plus tard il résultera nécessairement de la force des choses, mais après bien des misères et peut-être bien d'épouvantables bouleversemens. — Choisissons.

Condé sur Vesgre, Avril, 1834.

NOTES.

—

A.— Des économistes en crédit trouvent un signe de richesse et un gage de tranquillité dans le nombre toujours croissant des cotes foncières et des patentes, quoique en réalité la tranquillité n'aille guère en augmentant.— L'espoir de l'indépendance et de la fortune pousse dans le commerce en enlève à la production tout artisan qui peut ouvrir une petite boutique ; il y mange ordinairement son pécule, s'endette et tombe dans un état plus cruel qu'auparavant.—L'ambition d'être propriétaire ruine un grand nombre de paysans : je connais des pays où cette fâcheuse manie engraisse et multiplie une race vampire de gens d'affaires : des terres sont divisées, vendues partie comptant, partie à crédit à de pauvres journaliers qui, ne pouvant parfaire le prix, se voyent bientôt expropriés. Le nombre des querelles et des procès augmente toujours avec le morcellement. C'est une erreur de croire que la division des propriétés soit favorable à la petite culture ; sans doute dix hommes cultivant chacun un dixième d'hectare retirent plus en produit *brut* qu'un homme exploitant seul la totalité du terrain ; mais si ces dix hommes s'entendaient pour cultiver en commun, ils auraient un produit *net* bien plus considérable. Le morcellement qui met hors d'usage les animaux et les grands instrumens ramènerait la barbarie s'il ne conduisait à l'association.

La propriété assurée à tous par le régime phalanstérien est trop dans la nature de l'homme pour avoir rien à craindre des objections saint-simoniennes. Cependant, comme ces objections préoccupent des gens fort estimables et fort avancés du reste, je réponds aux principales. —Il semble absurde qu'une famille devenue propriétaire, même par son travail, lève à tout jamais un tribut sur la société : la plaisanterie arithmétique des intérêts composés effraie ceux qui la prennent au sérieux. —Si le capital d'une famille pouvait toujours subsister avec la même valeur, la même utilité pour la société, il n'y aurait ni absurdité ni injustice à ce que la société en payât toujours le même intérêt ; mais les choses ne sont pas ainsi : le capital mobilier s'use et se détruit promptement ; le capital foncier n'est jamais tout à la merci du propriétaire et dans l'association : confondu avec les autres richesses, il est représenté par des actions qui seules sont à sa disposition : cette manière de posséder est au reste bien plus sûre et bien plus commode. La société ne paie l'intérêt qu'en raison de la rareté des capitaux et du besoin qu'elle en a ; les richesses se multipliant, l'intérêt deviendra presque nul, et l'on sera peu porté à capitaliser. Il faut observer que la véritable richesse ne consiste pas dans l'accumulation des produits , mais dans la consommation : le malheureux qui joint à sa pauvreté la crainte d'une pauvreté plus grande épargne sur son nécessaire; l'homme qui vit dans l'abondance et la sécurité a d'autant moins besoin d'amasser que l'ordre est mieux établi, la production mieux assurée ; elle le sera au plus haut degré en association par le travail attrayant et les autres combinaisons harmoniennes.

B.—Il faut lire dans les ouvrages de M. Fourier : l'éducation harmonienne, l'analyse de l'attraction passionnée , l'équilibre général des passions , le ralliement des antipathies, etc. Quelques détails pourront choquer d'abord les personnes qui n'ont pas ouvert les yeux sur l'état de la société , sur sa misère et son dévergondage fardé d'hypocrisie, et qui croient bonnement que la morale rendra tous les hommes chastes et toutes les femmes incorruptibles.—Lorsque dans toutes les villes la prostitution est légalement autorisée , comment a-t-on pu faire un crime à M. Fourier de ses bacchantes et bayadères imaginées pour le siècle suivant.

« Quant aux emplois de bacchantes et bayadères qu'une partie des femmes stériles rempliront, si l'on en croit M. F. il faut convenir que , tels qu'il les conçoit, ils doivent être éminemment utiles à la poésie, à l'industrie et au bon ordre des sociétés futures.—Mais ils pêchent par la moralité ! Au lieu de discuter cette question, j'aime mieux dire qu'alors nos descendans ne les institueront pas. La société sera toujours dominée, gouvernée par des pères, des époux ; soyons donc sans inquiétude sur la moralité de ce qu'ils laisseront établir. Au surplus, M. F. prétend prouver que ces institutions seront utiles pour que le vestalat et les autres corporations qui pratiquent la retenue aient tout le développement possible ; pour que le sentiment animique qui rend l'amour suave et piquant ait son plein essor, enfin pour que la vérité, c'est-à-dire l'honneur , règne en amour. Il s'en faut donc de beaucoup qu'il prêche la promiscuité. Il sait établir l'ordre et l'équilibre en amour comme en relations d'intérêts ; il n'est anarchiste sous aucun rapport. Sans porter un jugement définitif sur ces conceptions, je crois que, loin de les blâmer, il faut convenir qu'elles surpassent en utilité et *moralité* les utopies et efforts faits jusqu'ici pour restreindre la prostitution et diminuer le nombre des manques de foi en amour et hymen.

« Laissons ce qui concerne l'avenir ; relativement au présent, observons que le phalanstère semble combiné pour offrir des garanties de sagesse, comme nous avons vu qu'il en offrait de probité. » (Lemoyne.)

FIN DES NOTES.

www.ingramcontent.com/pod-product-compliance
Ingram Content Group UK Ltd.
Pitfield, Milton Keynes, MK11 3LW, UK
UKHW022334120726
13694UKWH00004B/1591